AF410963

DU COMPAS

DE PROPORTION

DANS LA PRATIQUE

DE

LA PERSPECTIVE.

DU COMPAS

DE PROPORTION

DANS LA PRATIQUE

DE

LA PERSPECTIVE,

 OU

RECHERCHE des différens cas dans lesquels l'emploi du Compas de proportion peut abréger les opérations de perspective, et particulièrement dans celui des points accidentels.

OUVRAGE dans lequel il est démontré qu'à l'aide de cet instrument on peut faire, avec sûreté, toutes les opérations générales et partielles de perspective, dans le tableau même, sans sortir de son champ et sans avoir recours aux plans et coupes géométrales, ainsi qu'on l'a pratiqué jusqu'à présent.

PAR L. M. PHÉLIPPEAUX,

PROFESSEUR DE PERSPECTIVE.

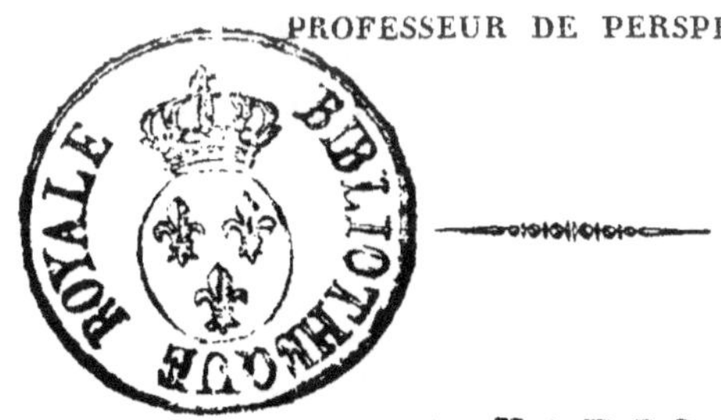

A PARIS,

Chez {
GŒURY, Libraire, quai des Grands-Augustins, n° 41;
L'AUTEUR, rue du Haut-Moulin, n° 13, vis-à-vis
le pont Notre-Dame.

1819

AVERTISSEMENT.

Iʟ est assez remarquable que dans aucun ouvrage
publié sur la perspective, on n'ait jamais recherché
les avantages que l'on peut retirer de l'usage du
compas de proportion : je vais donc tâcher de dé-
montrer ces divers avantages.

L'utilité que présente le compas de proportion
en perspective, est surtout sensible dans les opérations relatives aux points accidentels, opérations
qui, jusqu'à ce jour, ont été souvent incertaines,
et qui exigent toujours de longs tâtonnemens, en
raison de la composition du tableau.

Il est de même assez surprenant que l'on n'ait
jamais cherché à affranchir les peintres de l'obliga-
tion d'établir des plans et des coupes ou profils, à
part de leurs tableaux (*Désargue, seulement, donne
la démonstration d'un moyen abréviateur dans son
Traité à l'usage des peintres*).

Il est évident, cependant, qu'à l'aide du compas
de proportion, l'artiste est dispensé d'avoir recours
à ces moyens qui allongent inutilement son opération.

C'est donc être utile aux peintres, que de leur
donner un moyen pratique de trouver, sans qu'ils
sortent du champ de leur tableau, l'angle droit,

ou tout autre angle, d'une ligne qu'ils veulent adapter dans leur composition, et de leur faire tracer des carrés, des cercles, des polygones, et toutes sortes d'élévations sans qu'ils aient besoin de plans et coupes géométrales, hors du tableau, à l'aide seule du compas de proportion.

Comme je publie cet Ouvrage pour ceux qui ont une connaissance de la perspective, je me crois dispensé d'avoir recours à des démonstrations élémentaires.

Nota. Je dois publier incessamment un Traité complet de perspective. Dans ce Traité, fruit de vingt-cinq années de pratique et d'application à toute sorte de tableaux, les artistes y trouveront des démonstrations claires et très-simples sur cette science que l'on a souvent hérissée des difficultés de la géométrie; ils y trouveront constamment le moyen d'opérer, dans le tableau, sans sortir de son champ, et ils passeront méthodiquement des élémens de la géométrie à la science de la perspective linéaire, à celle des ombres et des reflets, ainsi qu'à la perspective des plafonds et des théâtres.

DU

COMPAS DE PROPORTION,

ET

DE LA NOUVELLE ÉCHELLE

Qu'il convient d'y ajouter, pour le rendre usuel dans la pratique de la Perspective.

Le compas de proportion qui se trouve dans tous les étuis de mathématiques, a, entre autres avantages, celui d'offrir l'échelle des parties égales, échelle qui sert à diviser une ligne dans un rapport donné; il a aussi l'avantage de faire trouver le rapport de plusieurs lignes, l'une d'elles étant connue, et celui de faire reporter sur une petite ligne les divisions d'une grande, etc.

J'ai donc substitué à la place des échelles, des solides et des métaux (*ainsi qu'on le trouve sur les compas de proportion ordinaire*), une nouvelle échelle, dite des ordonnées, laquelle sert à déterminer les points de passage des cercles perspectifs, sans plans géométriques, ainsi que les points de passage de toutes sortes d'ellipses ou ovales, par leur ordonnée aux deux rayons, ce qui divise le cercle perspectif à volonté, en huit, douze, seize, vingt-quatre ou trente-deux parties égales, en donnant les points de passage du cercle (1).

---

(1) Je me suis adressé, pour l'exécution de cette nouvelle division, au sieur Rochette jeune, facteur d'instrumens de mathématiques, quai de l'Horloge, au Grillon : il est dépositaire de la matrice.

PROPOSITIONS GÉOMÉTRIQUES PRÉLIMINAIRES.

Je vais placer ici cinq propositions géométriques, qui sont nécessaires pour l'intelligence des figures perspectives auxquelles s'applique l'usage du compas de proportion.

PROPOSITION I.

Une ligne étant donnée, diviser cette ligne en autant de parties égales que l'on voudra, et prendre telle partie proportionnelle que l'on veut, se servant du compas de proportion (*Echelle des parties égales*).

Figure I, planche I.

La ligne AB est donnée pour être divisée en six parties égales, et l'on veut en avoir les cinq douzièmes, fig. I.

OPÉRATION.

Prenez la grandeur de la ligne AB, et ouvrez le compas de proportion, sur cette grandeur, à l'échelle des parties égales sur les divisions 120, de part et d'autre; le compas de proportion ainsi ouvert, prenez la distance des divisions 20 (*sixième de* 120), que vous portez sur AB en AC; AC sera contenu six fois de A en B, de même sans changer l'ouverture du compas de proportion; si l'on prend la distance des divisions 50, on aura les cinq douzièmes de la ligne AB, que l'on portera en AD, car 10 est le douzième de 120.

(Si le nombre à diviser était, par exemple, 29, il faudrait multiplier ce nombre par 5, et porter la grandeur A B aux divisions 145 du compas de proportion ; puis prendre la distance des divisions 5 ce qui donnerait le vingt-neu-

vième de AB; et si la ligne était trop longue pour être contenue au compas de proportion, l'on en prendrait la moitié, ou toute autre fraction, opérant comme ci-dessus.)

PROPOSITION II.

Plusieurs lignes étant données, connaître le rapport qui existe entre elles, l'une d'elles étant connue, à l'aide du compas de proportion (*Echelle des parties égales*).

Figure II, planche I.

Les lignes AC sont données pour être mesurées par la ligne B qui est égale à 97, mesures quelconques.

OPÉRATION.

Prenez la grandeur de la ligne B, et ouvrez le compas de proportion sur cette grandeur, aux divisions 97 de l'échelle des parties égales; le compas ainsi ouvert, prenez la grandeur de la ligne A, et comparez la sur l'échelle, en sorte que les pointes du compas tombent dans des divisions correspondantes : ce sera la grandeur de la ligne qui est égale, dans cette figure, à 128; faites de même pour la ligne C, qui est égale à 65. (*Si les points du compas ne tombaient pas justes dans des divisions correspondantes, alors elles tomberaient dans les divisions 83 et 84 de l'échelle des parties égales, et la ligne aurait 83 parties et demie.*)

PROPOSITION III.

Deux lignes étant données, reporter sur l'une d'elles les subdivisions de l'autre, à l'aide du compas de proportion. (*Echelle des parties égales.*)

Figure III, planche 1.

Que les lignes AB et CD soient données, la ligne CD doit être divisée dans le rapport de la ligne AB, laquelle est subdivisée aux points 1, 2, 3, 4, 5, fig. III.

OPÉRATION.

Tracez les deux lignes AB, CD parallèlement l'une à l'autre ; ensuite prenez la grandeur de la ligne AB, ouvrez le compas de proportion pour y reporter cette grandeur au dernier nombre de l'échelle des parties égales (*afin d'avoir la plus petite des fractions*) : le compas ainsi ouvert, comparez successivement les distances B1, B2, B3, etc., sur le compas, aux parties égales, notez chaque nombre trouvé sur l'échelle, à côté du point correspondant : prenez ensuite la grandeur de la ligne CD, et remettez le compas de proportion sur cette mesure, aux nombres premièrement pris pour la ligne AB, et reportez du point D les nombres trouvés en De, Df, Dg, Dh et Di ; la ligne DC sera divisée dans le rapport de BA. Pour le prouver, si l'on trace les lignes AC, BD, indéfiniment, elles formeront les deux triangles B, K, A, D, K, C, semblable équiangle et proportionnel ; le point K, sommet des deux triangles, est le point de concours des lignes 1e, 2f, 3g, 4h, 5i : donc ce moyen peut, en perspective, remplacer les points accidentels (*car le point K est nul par le fait, pour la direction des lignes 5i, 4h, 3g, qui étaient premièrement déterminées par le compas de proportion*).

PROPOSITION IV.

Tracer, dans un parallélogramme, une courbe elliptique

par le moyen de l'échelle des ordonnées, nouvellement gra-
duée sur le compas de proportion.

Figure IV, planche I.

Le parallélogramme A, B, C, D, est donné pour tracer la
courbe elliptique, fig. IV.

OPÉRATION.

Tracez, dans le parallélogramme donné, la diagonale BD;
prenez ensuite la grandeur BC ou AD, et ouvrez le compas de proportion sur les divisions zéro, de l'échelle des ordonnées; voulant avoir sept points intermédiaires entre les
points CA, prenez successivement les distances des divisions
32, 16, 32, 8, 32, 16, 32 (*en se rapprochant du centre du
compas*), portez ces divisions des points BA sur BC, AD en
1, 2, 3, 4, 5, 6, 7 : de tous ces points tracez des parallèles qui,
sectionnant la diagonale BD, donnent les points *e*, *f*, *g*, H, J,
K, L; des points *e*, *f*, *g*, J, K, L, établissez des perpendiculaires
à AB, ce qui donnera des points M, N, O, P, Q, R, sur les
parallèles 1, 2, 3, 5, 6, 7 : ces points M, N, O, P, Q, R,
conjointement avec ceux C, H, A, déjà déterminés, donnent
le passage de la courbe demandée, qui trace le quart d'ellipse,
ou ovale.

PROPOSITION V.

Une ligne étant donnée, diviser cette ligne en autant de
parties égales que l'on veut, par des triangles semblables et
proportionnels.

Figure V, planche I.

La ligne AB est donnée pour être divisée en sept parties
égales, fig. V.

OPÉRATION.

Formez avec AB un angle à volonté, tel que B, A, C; portez sur AC, à partir du point A, sept parties quelconques, mais égales, en 1, 2, 3, 4, 5, 6 et 7; du point 7 au point B, tracez une ligne, ce qui forme le triangle total B, A, 7 : ensuite, des divisions 6, 5, 4, 3, 2 et 1. Etablissez des parallèles à B 7, en 6 D, 5 E, 4 F, etc.; ce qui forme les triangles semblables et proportionnels JA1, HA2, GA3, FA4, etc., lesquels sont dits équiangles et proportionnels, parce qu'ils ont l'angle A commun; donc la ligne AB est divisée en sept parties égales, aux points D, E, F, G, H, J, car on peut établir les proportions suivantes, A7 : AB :: A1 : JA ou A7 : A4 :: AB : AF, etc.

OPÉRATIONS PERSPECTIVES.

Une ligne parallèle, à l'horizon, étant donnée dans un tableau, tracer un carré parfait, et y inscrire un cercle perspectif, en se servant de l'échelle des ordonnées du compas de proportion. (*Application des fig. I et IV de la géométrie.*)

PROPOSITION I, *planche I.*

Le tableau 1, 2, 3, 4 est donné, AB est la ligne : V, est point de vue figuratif, fig. I.

DÉMONSTRATION.

Ayant, par le point V, établi dans le tableau l'horizon du point V à l'angle le plus éloigné, tel que l'angle 1, décrivez le cercle de vision, lequel circonscrit le tableau; le rayon de ce cercle est égal au tiers de la distance requise pour voir le tableau d'une seule vision; si l'on divise cette distance V, 1 en deux, ce sera le sixième de la distance totale ; que l'on reporte sur l'horizon, à partir du point V : ce point, sixième de distance, donne les profondeurs perspectives six fois plus grandes que la base géométrale. Pour se servir de ce point, opérez comme ci-après :

Ayant tracé la ligne AB, parallèle à l'horizon des points AB, tendez au point V ; prenez le sixième de AB (*figure 1re de la géométrie*) que vous portez sur AB, en AC ; si du point C l'on trace au point 6e de distance, cette ligne sectionnant la fuyante AV, donne AE, égale à AB (*pour le prouver, si du point B l'on trace, au point de distance total : cette ligne, qui est une diagonale perspective, donne le point E, et AE égale AB ; donc l'on peut opérer par le sixième de distance pour avoir les profondeurs*). Du point E, tracez la parallèle EF, ce qui formera le carré perspectif ABEF ; tracez les diagonales AF, BE, qui donnent le centre G ; de ce centre G, tracez au point V, et établissez une parallèle, ce qui donne, sur les côtés du carré perspectif, les quatre points H, J, K, O.

Pour tracer le cercle par seize points, prenez la grandeur EO, ou OF comme rayon du cercle : ouvrez le compas de proportion à l'échelle des ordonnées, sur les divisions zéro (*fig. 4e de la géométrie*). Le compas ainsi ouvert, prenez les distances des divisions 16, 8, 16, que vous portez de chaque côté du point O considéré comme centre sur la parallèle EF ; de ces points 16, 8, 16, 16, 8, 16, tracés au point V, dans le carré perspectif. Ces lignes sectionnant la diagonale BE, donnent les points L, M, N, O, P, Q ; de ces points établissez des parallèles, ce qui donne les points diagonaux M, S, P, R sur les fuyantes 8, et les huit autres points sur les lignes 16 en T, U, X, Y. Par tous ces points de passage, tracez le cercle perspectif en O, Y, P, X, J, U, S, T, K,

T, M, U, H X R Y et O, ce qui donnera l'apparence demandée.

Nota. (Cette division donne le cercle perspectif, divisé de 22° 1/2 en 22° 1/2 : celle 32 en 11° 1/4 : celle 12 en 30°, et celle 24, de 15 en 15° perspectifs.)

Une ligne étant donnée dans un tableau, sur point accidentel, diviser cette ligne en parties égales perspectives. (*application de la figure 5ᵉ de la géométrie.*)

PROPOSITION IIᵉ, *Planche I.*

La ligne BA est donnée pour être divisée en sept parties égales perspectives, fig. 2ᵉ.

DÉMONSTRATION.

Du point A, établissez une parallèle à l'horizon, en AC, ce qui forme l'angle perspectif BAC; portez sur AC sept parties du point A, en 1, 2, 3, 4, 5, 6 et 7; du point 7 au point B tracez une ligne jusqu'à l'horizon du tableau, ce qui donne le point E, et forme le triangle perspectif 7, A, B; et, comme toutes lignes parallèles fuyantes tendent au même point, sur l'horizon, du point E, et des points 6, 5, 4, 3, 2, 1, tracez des lignes sur A B, ce qui forme de nouveaux triangles, semblables, proportionnels, et divisent la donnée AB en sept parties égales, perspectives, aux points FGH JKL.

La face d'un solide étant placée sur un point accidentel, et les divisions que l'on veut établir sur la hauteur de ce même solide, étant déterminées à un des angles, déterminer sur l'autre angle des hauteurs déclinantes des différentes lignes d'élévation en se servant du compas de proportion (*application de la fig. 3ᵉ de la géométrie.*)

(15)

PROPOSITION III *Planche I.*

La ligne A B est donnée, pour base du solide, dans une direction accidentelle; ACBE est la face du solide, A, C l'angle : divisez en FGHJKL, et BE est l'angle à diviser.

Figure III.

DÉMONSTRATION.

Comme la ligne AB est sur un plan de niveau, ce plan est parallèle à celui de l'horizon dont les hauteurs AMBN sont perspectivement égales. Pour reporter les divisions de A C sur BE, prenez la grandeur AM, à laquelle on rapporte l'ouverture du compas de proportion, au plus grand nombre de l'échelle des parties égales. Le compas ainsi ouvert, comparez, à l'échelle des parties égales, les grandeurs MC, MF, MG, MH, MJ, MK, ML que vous notez, au fur et à mesure que vous les comparez. Prenez ensuite la distance BN, et fermez le compas de proportion sur le nombre premièrement pris et égal à AM, puis reportez les nombres trouvés sur AC, en NO, NP, NQ, NR, NS, NT, NV, et tracez les lignes CO, FP, GQ, HR, JS, KT, LV. Ces lignes sont toutes parallèles, déclinantes au point accidentel (*voyez fig.* 3ᵉ *de la géométrie.*)

En appliquant l'opération fig. 5, l'on obtiendra la distribution des portes et fenêtres sur la face ABCO.

Une ligne donnée dans un tableau sur un point accidentel, tracer un carré parfait perspectif sur cette ligne, en opérant par le principe fondamental du point accidentel.

PROPOSITION IV, *Planche II.*

La ligne AB est donnée dans le tableau 1, 2, 3. 4, fig. IV.

DÉMONSTRATION.

Prolongez indéfiniment l'horizon du tableau du point V, descendez une perpendiculaire, et fixez sur cette perpendiculaire le point de distance totale en VD, plan et place **du** spectateur, ou point de vue réel; prolongez ensuite la **ligne** donnée AB, jusqu'à l'horizon du tableau, ce qui donne le point F, point de concours de toutes les lignes parallèles à **la** ligne AB; de ce point F, tracez une droite au point VD; cette ligne est parallèle et géométrale au plan AB. Formez sur cette ligne, au point VD, un angle droit ou de 90 degrés, et une diagonale, ou angle de 45 degrés sur F,VD; prolongez ces lignes jusqu'à l'horizon, ce qui donne les points évanouissans de 45 degrés, et 90 degrés sur AB (*par ce moyen, on peut former sur AB, tous angles à volonté.*) Pour former ensuite le carré parfait perspectif des points BA, tracez au point 90 degrés sur l'horizon, et du point A, tracez au point 45 degrés. Comme cette ligne est diagonale, elle donne sur la fuyante B, 90, BC égale à BA ; du point F au point C, tracez la parallèle perspective à AB en CE, et le carré ABCE sera parfait perspectif. (*Il est facile de se convaincre que ce moyen est presqu'impraticable dans bien des cas, par l'éloignement des points de concours hors du tableau.*)

Une ligne étant donnée sur un point accidentel, formez sur cette ligne un carré parfait perspectif, sans aucun point pris hors du tableau, en employant les parallélogrammes semblables, mais opposés. (*moyen pratique.*)

PROPOSITION V, *Planche II.*

La ligne AB est donnée pour construire un carré parfait perspectif.

Figure V.

DÉMONSTRATION.

Pour avoir le point proportionnel de distance au tableau, du point de vue figuratif V, à l'angle le plus éloigné du tableau, tel que F, tracez une ligne droite qui est le tiers de la distance requise pour voir le tableau ; divisez cette ligne en deux, ce qui donne V G, égale au sixième de la distance totale, que l'on reporte sur l'horizon, à partir du point V en 1/6 D. Des points AB, établissez deux parallèles et deux fuyantes au point V, ce qui forme le parallélogramme perspectif A 1, B 2, dont A B est la diagonale : pour en avoir l'angle droit, il faut faire un parallélogramme égal et opposé ; pour le former du point 1/6 D au point 2, profondeur du premier parallélogramme, tracez une ligne qui, sectionnant la parallèle A 1 prolongée, donne A 3, sixième de A 2 ; portez la grandeur A 3 sur A 1, six fois de A en 4, ce qui donne A 4, égal à A 2 perspectif ; du point 4, tracez au point V, prenez le sixième de A 1 que vous portez, de 4 en 5, sur le parallèle, et du point 5 tracez au point 1/6 D, ce qui donne 4 C, égal à A 1 ; si du point C l'on établit une parallèle, on aura le parallélogramme A, 4, C, 6, égal au premier, mais opposé : donc, en traçant la droite A C, l'angle B A C est droit perspectif, et A C est égal à A B. Pour terminer le carré, il faut faire un nouveau parallélogramme égal et semblable au premier : pour le construire, prolongez C, 6, et la fuyante 1, B, ce qui donne 6, 7, égal à A 1 ; portez cette grandeur en C 8, et tracez du point 8 au point V ; pour avoir la profondeur de ce nouveau parallélogramme, du point 3, tracez au point V sur le parallèle C, 6, ce qui donne 6, 9, égal à A 3 ; portez la distance 6, 9 en 8, 10, et du point 10 tracez au 1/6 D, ce qui donne 8 E, égale B 1 ;

2

donc, en traçant les lignes C E , B E , le carré perspectif
A , B , C , E sera parfait, la ligne A E étant la diagonale de
ce carré , et formant un angle de 45 degrés sur A B. (*J'ai
joint ici le géométral pour l'intelligence de la figure.*)

Une ligne étant donnée sur un point accidentel, former
sur cette ligne un parallélogramme , dont les dimensions sont
déterminées , et former aussi un triangle équilatéral ainsi
qu'une diagonale. (*Application des figures perspectives I,
II et III.*)

PROPOSITION VI, *Planche II.*

La ligne A B est donnée pour former un parallélogramme
de quatre pieds sur neuf, ainsi qu'une diagonale, et un
triangle équilatéral de quatre pieds de côté , l'horizon étant à
cinq pieds dans le tableau.

Figure VI.

DÉMONSTRATION.

Après avoir établi le sixième de distance , par l'opération
précédente , du point A élevez une perpendiculaire à l'horizon,
et tracez une parallèle ; prenez la distance du point A , à l'horizon , que vous portez sur le compas de proportion , à
l'échelle des parties égales sur les divisions 5o , représentant
cinq pieds , prenez la distance des points 40,40 que vous
portez de chaque côté du point A , sur la parallèle eu A 1 ,
A 2 ; des points 1 A 2 , tracez au point V , portez le sixième
de A2 en A 14 ; de ce point 14 , tracez au 1/6 D , ce qui
donne A 5 , égal à A 1 , ou A 2 , et établissez du point 5 une
parallèle qui forme les deux carrés perspectifs A,1,4,5, A,2,
3, 5 ; tracez ensuite les diagonales A 3 , A 4 , et inscrivez le
demi-cercle perspectif (*par l'opération fig. I*). Ce demi-
cercle, sectionnant la ligne donnée A B , donnera AC égal à
quatre pieds (*les rayons du même cercle étant égaux*). Pour

obtenir l'angle droit du point C , établissez une parallèle qui donnera sur la diagonale A3 le point 6 ; de ce point tracez au point V , cette ligne sectionnant le cercle perspectif, donne le point D ; si l'on trace la ligne A D , l'angle C , A , D sera droit, et AD sera égal à AC , ou de quatre pieds. Pour donner neuf pieds à AD, du point D, tracez au point V, sur la parallèle 5 , ce qui donne 5 , 7, représentant quatre pieds ; puis (*par l'opération fig. II*), ouvrez le compas de proportion sur 80, des parties égales, de la grandeur 5, 7, et vous prenez 100 que vous portez de 7 en 8 ; du point 8 tracez au point V, ce qui vous donnera sur AD ; prolongez A E qui sera égal à neuf pieds. Pour terminer le parallélo-gramme, prolongez les deux côtés de l'angle droit perspectif sur les bords du tableau (*ou sur deux lignes perpendiculaires*), en A H, A G, divisez les distances A horizon, H horizon, G horizon en deux (*ou par toute autre division*), ce qui donnera les points K , F , J ; tracez les droites F K, J K in-définiment. (*Ces lignes sont parallèles d'élévation décli-nantes à A H A G , fig. III.*) Des points C , E , élevez des perpendiculaires qui donneront les points O P, sur K F , J F ; cherchez ensuite les rapports de O horizon à O C , ceux de P horizon à P E, et reportez ces rapports en K 27 1/2, J 57, puis tracez les lignes C 57, E 27 1/2 qui termineront le parallélogramme demandé en A , E , L , C .

D I A G O N A L E.

Tracez la droite C D, et divisez la parallèle C 6 en deux, au point 9 ; de ce point tracez au point V, ce qui donne sur D C, le point 10 ; de ce point 10 et du point A, tracez une ligne jusque sur l'horizon, cette ligne divisera l'angle C, A, D en deux, ou donnera, à l'horizon, le point 45°, et sera dia-gonale perspective à la ligne donnée A B. (*Cette ligne A , 45°*

2.

*peut servir aussi à trouver des carreaux carrés ou octo-
gones.*)

TRIANGLE ÉQUILATÉRAL.

Pour former le triangle équilatéral perspectif sur A D
égal à quatre pieds (*comme la perpendiculaire du sommet de
tout triangle équilatéral divise sa base en deux, et que les
côtés sont égaux à la base*), ayant obtenu l'angle droit C, A, E
par l'opération précédente, divisez A D en deux, par les
moyens qui viennent d'être démontrés, ce qui donnera le
point 13; de ce point 13, établissez une parallèle perspective à A B, par le compas de proportion, cette ligne, sectionnant le cercle perspectif, donne le point M : tracez les
lignes A M, D M, elles seront égales à A D, et formeront
des angles de 60° sur A E, ainsi que le triangle équilatéral
demandé. (*Ces lignes peuvent servir pour tracer des carreaux hexagones.*)

––––––––––

Une ligne donnée pour base d'un bâtiment, dans un tableau, sur un point accidentel : trouver l'apparence de ce
bâtiment, ses dimensions étant déterminées.

PROPOSITION VII, *Planche III.*

La ligne AB est donnée pour base d'un bâtiment : ce
bâtiment a sept mètres de longueur, quatre de largeur, et
sept et demi de hauteur; il est placé sur un trottoir d'un
mètre de largeur, et un demi-mètre de hauteur; au centre de
la façade il y a une arcade de huit mètres d'ouverture sur sept
mètres en plein cintre; au-dessus du bâtiment est un toit
de deux mètres et demi de haut : l'horizon du tableau est
placé à cinq mètres de hauteur (*ou 15 pieds métriques*).

Figure VII.

DÉMONSTRATION.

Établissez sur la ligne A B , le parallélogramme de base

ayant dix-huit mètres sur six (*en opérant par la fig. VI*),
en A , C , H , G ; dans ce parallélogramme , inscrivez-en un
autre ayant seize mètres sur quatre , en J, K, L, M (*retran-
chant , par l'opération fig. II, un mètre sur chaque extrémité de A L, H G, AG, CH*); des angles des deux parallélogrammes , élevez des perpendiculaires dans le tableau , et
pour déterminer les hauteurs des solides , prenez les hauteurs
de A horizon , C horizon , etc. Pour cinq mètres , ouvrez le
compas de proportion sur les divisions 100 , et prenez successivement 90 que vous portez en dessous de l'horizon , ce
sera égal à quatre mètres et demi , et 60 au-dessus (*opération
fig. III*), ce qui donnera l'apparence du massif et du trottoir
en G, Y, A, O, C, R dont on arrêtera les lignes.

Pour le toit, il faut avoir la diagonale perspective à G A C
(*opération fig. VI*) en A E et du point O, établir une parallèle perspective en O P, ce qui donnera R P, égal à R O :
puis former le carré O R, P Q ; tracez ensuite l'autre diagonale *q* R, ce qui donne le point S : répéter la même opération à l'extrémité Y, ce qui donne les points S, U, centre du
toit, à sa naissance ; desquels points S, U on tracera des
perpendiculaires, et prenant les distances U horizon , S horizon pour trois mètres , on portera deux mètres et demi de
S en T, et de U en X : en sorte qu'en traçant les lignes R T,
O T, T X, X Y, l'on aura l'apparence du toit. (*Si le bâtiment était carré, l'apparence serait en* q *T, T O, T R.*)

Comme l'intervalle des points *q* Z, égale à huit mètres ;
de ces points , descendez des perpendiculaires jusque sur la
base du bâtiment sur le trottoir en A B, et sur l'angle O,
portez un demi-mètre en O, *c* , et quatre mètres en contre-
bas , ce qui donnera les points *c d* extrados et naissance du

cintre ; de ces points, établissez des parallèles déclinantes à O, Y, (*par l'opération fig. III*), ce qui donnera le double carré *e*, *f*, *g*, *h* ; pour en avoir le centre, tracez les lignes *h*, *e*, *a*, *g*, dont la section donne le point J , duquel, élevant une perpendiculaire J K, le point K est le centre du cercle, duquel on trouve les diagonales K F, K *h* ; terminez ensuite par l'opération fig. I, en prenant *e f*, *g h*, que l'on porte aux divisions zéros des ordonnées.

Le géométral d'une corniche étant dessiné à sa place dans le tableau : mettre cette corniche en perspective, sur point accidentel, l'une des lignes déclinantes étant déterminées.

PROPOSITION VIII, *Planche III.*

La ligne A B est donnée sur point accidentel pour base de la corniche, A , C , E en est le géométral, et C , E saillie de la corniche.

Figure VIII.

DÉMONSTRATION.

Sur C E rayon, décrivez un demi-cercle perspectif (*par l'opération fig. I*) ; du centre E, établissez une parallèle à A B (*par l'opération fig. III*), ce qui donne E F, égal à C E ; faites l'angle E, F, G droit perspectif, ainsi que le carré E, G, H, F (*par les opérations 6 et 3*), le point H est la saillie d'angle de la corniche, et H E est la diagonale. Pour porter sur cette ligne H, E les diverses saillies du géométral de toutes les saillies du profil A C , élevez des perpendiculaires sur C E ; prenez les diverses saillies proportionnelles à C E (*au moyen du compas de proportion en en prenant note*), afin de les reporter sur H E ; du point H, établissez une parallèle à l'horizon : placez sur l'horizon un point à volonté en P, duquel traçant au point E, la droite P, E, *q* sur

la parallèle, on aura la distance H Q proportionnelle à C E ;
prenez la grandeur H q sur le compas de proportion, et
reportez sur q, H, à partir du point q, les diverses mesures
notées de toutes ces divisions, tracez au point P, ce qui donnera sur H E les points de saillie d'angles, desquels points on
abaissera des perpendiculaires : ensuite, pour déterminer le
profil de tous les points des parallèles du géométral sur AⱼE,
nu du mur, établissez des parallèles à la ligne H J (*par l'opération fig. III*), lesquelles sectionnant les perpendiculaires
provenant de H E, forment le profil d'angle A H perspectif;
des angles de ce profil établissez des parallèles déclinantes à
A B et à H F, l'on aura l'apparence de la corniche sur point
accidentel.

Moyen, lorsqu'il y a des modillons, d'avoir la distribution des angles rentrans sous le larmier, et au point de naissance des modillons.

Etablissez des parallèles à E,G, ce qui donne les pre-
mières lignes et faces du modillon en K, Z ; du point K établissez une petite parallèle qui donne, sur le profil d'angle,
le point M ; de ce point, élevez une perpendiculaire qui donne
sur H, E, le point N, duquel on établira aussi une autre
parallèle ; et, comme E, F égalent perspectivement deux
modules, placez sur l'horizon un point à volonté en L; tracez
les droites F L, E L qui, sectionnant la parallèle tracée,
du point N, donnent O X proportionnelle à la saillie de la
corniche, et dans cette figure à deux modules, du plan perspectif K ; de ce point K établissez une parallèle indéfinie sur
laquelle vous porterez les largeurs des modillons, et leurs
intervalles (*d'après leur dimension géométrale*) en K, 1; 1,
2 ; 2, 3 autant de fois qu'il sera nécessaire. De toutes ces
divisions tracez au point L, ce qui donne les points 8, 9,
10., etc., angles des faces des modillons. Répétez la

même opération pour le couronnement des modillons, à partir du point Z, ce qui donnera les points nécessaires pour dessiner les faces des modillons ; enfin, des angles qui sont visibles, établissez des parallèles à G E prolongés, ce qui terminera l'apparence de la corniche perspective. Mutulaire sur point accidentel. (*Je n'ai pas tracé le retour de la corniche, parce qu'il s'agissait des mêmes opérations, et pour ne point embarrasser celle qui nécessitait le profil d'angle.*)

La base d'une figure étant hors du tableau, tracer des accessoires en rapport de cette figure, une ligne étant déterminée comme accessoire.

PROPOSITION IX. *Planche IV.*

La figure assise est donnée ainsi que la ligne A B, pour tracer un bureau de 5 pieds sur 2 pieds : l'angle déterminé à 15 pouces de la figure sur A B, figure 9.

DÉMONSTRATION.

1° Supposant à la figure 5 pieds 4 pouces de hauteur, 7 têtes $\frac{1}{3}$ de proportion, l'on aura, pour la grandeur de la tête, 8 pouces 4 lignes ou 100 lignes, ce qui déterminera le pied proportionnel de la figure, en portant la grandeur de la tête sur le compas de proportion aux divisions 100, et prenant 144 qui égale un pied.

2° Comme le point A de la ligne A B est au même plan que la figure, et qu'il est son point d'appui, de ce point A établissez une parallèle à l'horizon ; cette ligne devient base d'opération.

3° Du point A, comme centre, décrivez (*par l'opération figure I*) un cercle perspectif de 15 pouces de rayon, ce qui donne, sur A, B, 15 pouces en A C, A E (*et par le moyen de la fig. VI*), déterminez 45 pouces de A en F ; ainsi que l'angle droit E A G ; prolongez G A des points C F , établissez des parallèles à A G (*par l'operation fig. III*); déterminez aussi, du point C , 24 pouces de C en J du point J établissez une parallèle déclinante à A B , ce qui détermine l'apparence du dessus du bureau.

4° Pour obtenir la retraite des pieds à 4°, et donner 2° aux pieds du bureau (*opérez par la fig. VI*), et pour en déterminer les épaisseurs, comparez la grandeur A horizon , aux 100 lignes de la tête, ce qui donne , dans cette figure. 119 lignes au-dessous de l'horizon ; prenez ensuite les distances C horizon , J horizon , K horizon pour 119, et portez au-dessous des points C , J , K les épaisseurs voulues. Ensuite établissez des parallèles déclinantes à C , J , A B ; par les mêmes moyens déterminez l'ouverture des tiroirs. Opérez de même pour le fauteuil.

5° Pour trouver le fond parallèle de la chambre à 16 pieds, du point A, portez sur la parallèle A , 160 lignes , de A en I , ce qui donnera , en traçant au 12°, distance , A 2 égale 16 pieds ; duquel point 2 l'on établit la parallèle 3 , 4 , sur laquelle on place l'angle de la chambre en 5 ; de ce point, tracez une perpendiculaire, et comme l'horizon est à 3 pieds — o — 11 lignes, du sol de la chambre, ou 443 lignes (*le bureau ayant* 27°, *plus la hauteur de l'horizon au bureau* 9° 11 *lignes*); pour donner au soubassement 8° 7 lignes, soustrayez 103 de 443, reste 340, que l'on porte de l'horizon en 6 et 103, de 6 en 7, prenant 5 horizon pour 119 ; des points 6 , 7 , établissez des parallèles et des fuyantes au point de vue, ce qui détermine la base des murs de la chambre et la fin des carreaux par terre. Tracez la fenêtre et le carreau suivant les dimensions déterminées.

Trouver l'apparence de l'ombre des corps sur le terrain,

suivant la position de l'astre, relativement à la base du tableau ou à celle graphique des monumens à représenter.

La distance infinie de l'astre qui nous éclaire, soit le soleil ou la lune, fait que leurs rayons de direction et d'élévation sont, en raison de nous, parallèles entre eux ; mais ces rayons allongent ou raccourcissent l'ombre suivant la hauteur de l'astre sur notre horizon.

Dans la peinture, il y a cinq positions relatives à la surface du tableau.

1° Lorsque l'astre est dans un plan parallèle à sa surface ; 2° lorsqu'il est dans le tableau directement en face du spectateur ; 3° lorsqu'il est hors du tableau directement derrière le spectateur ; 4° lorsqu'il est devant le spectateur, mais oblique, à la surface du tableau, soit à droite, soit à gauche ; 5° lorsque l'astre est oblique derrière le spectateur et qu'il éclaire la surface du tableau.

Dans le premier cas les lignes de direction de l'ombre sont parallèles à la base du tableau, et leur grandeur est déterminée par la hauteur de l'astre.

Dans le deuxième, les lignes d'ombre ont, pour point de concours, le point de vue sur un plan de niveau, et leur grandeur est déterminée par la hauteur de l'astre dont les rayons ont leur point de concours sur la verticale du point de vue au-dessus de l'horizon ; l'ombre est en avant des corps, et ces corps sont eux-mêmes privés de lumière à leur face parallèle au spectateur.

Dans le troisième, l'ombre est en arrière des corps, et ses lignes ont également le point de vue pour direction ; mais le point de concours des rayons de l'astre est au-dessous de l'horizon, sur la verticale du point de vue, suivant son élévation.

Dans le quatrième, l'ombre se dirige en avant des corps,

obliquement, et les lignes se déclinent sur l'horizon, suivant l'angle que cette direction forme avec le rayon principal, ou axe de vision; le point de concours des rayons lumineux est au-dessous de l'horizon, verticalement au point de concours de direction.

Dans le cinquième cas, les lignes d'ombre déclinent sur l'horizon, et le point de concours des rayons lumineux, est au-dessus de l'horizon. Les ombres se portent en arrière des corps, soit de gauche à droite, soit de droite à gauche, en entrant dans le tableau.

Pour donner au vulgaire toute la vérité reconnaissable à une vue, il est donc essentiel de l'éclairer suivant sa position graphique, c'est-à-dire de l'orienter. Car si l'on éclaire un monument exposé au nord par l'effet d'un soleil qui le suppose au sud-est, l'erreur non-seulement détruit l'effet du site dans les parties éclairées, mais elle détruit aussi l'effet de l'ombre. Il n'y a donc que dans les tableaux de composition qu'on est maître d'éclairer les objets suivant l'effet que l'on veut obtenir.

Nota. Dans ces divers cas, l'astre est à soixante degrés d'élévation au-dessus de l'horizon.

PROPOSITION X.

Pour trouver l'ombre du corps A, dont la direction est telle que la ligne B C, parallèle au plan du tableau.

Planche V, Figure X.

DÉMONSTRATION.

Des angles, plan perspectif 1, 2, 3, 4, établissez des parallèles géométriques à B C; c'est sur ces lignes que sera l'ombre du corps A; du point 1, comme centre, décrivez un quart de cercle, et pour donner 60 degrés d'élévation à l'astre, portez le rayon du cercle sur sa circonférence, de sa naissance 2 en 60 degrés, ce point et le centre 1 donnent la ligne d'élévation de l'astre en D E; des points saillans du corps A, tels que 5, 7, établissez des parallèles géométriques à D E en 5, 9; 7, 10; l'ombre du corps A est contenu dans les lignes 1, 9; 9, 10; 3, 10; et comme la ligne 5, 7 tend au point de vue, son ombre 9, 10 y concourt aussi.

IIe PROPOSITION.

L'astre étant élevé à 60 degrés, trouver l'ombre du corps F, dont la direction est dans le tableau et sur l'axe de vision, telle que la ligne G H.

DÉMONSTRATION.

Des angles du plan 11, 12, 13, 14, tracez, au point de vue, les lignes de direction d'ombre, et (*par la fig. Ire*) tracez un quart de cercle perspectif, dont le point 11 soit le centre; sur cet arc prenez 60° de 14 en 60°, tracez par les points 11, 60° le rayon d'élévation de l'astre J K; ce rayon J K concourt sur la verticale du point de vue, et donne le centre de l'astre; donc la verticale du point de vue et le rayon J K sont parallèles perspectifs : pour des points 15 et 16 obtenir l'ombre, tracez des parallèles 15, 16, jusqu'à la verticale, ce qui donne la distance 19, 20 pour grandeur comparative à 20, 16; 20, 15; prenez ensuite J, 21 égal à 19, 20, et reportez les proportionnelles trouvées, ce qui donne le parallélisme des rayons lumineux 15-22, 16-23, sur ceux de direction d'ombre, et l'ombre du corps F en 11-22-23, 12. La ligne d'ombre de celle 15-16 lui est parallèle en 22-23.

IIIe PROPOSITION.

Pour trouver l'ombre du corps L, qui est directement opposé au corps F, l'astre étant également à 60° d'élévation.

DÉMONSTRATION.

L'opération est la même que la précédente, à l'exception que le centre du quart de cercle perspectif est au point 27; qu'il est opposé à celui du corps F, et donne le rayon d'élévation de l'astre en MN, lequel concourt sur la verticale au-dessous du point de vue.

IVᵉ PROPOSITION.

Obtenir l'ombre du corps Q, dont la direction d'ombre est déterminée de 30°, avec le plan du tableau, l'astre étant toujours à 60° d'élévation.

DÉMONSTRATION.

Du point 38, comme centre, décrivez un quart de cercle perspectif, et de sa division 30ᵉ au centre 38, tracez la ligne directrice de l'astre en R S; des angles du plan 37, 39, établissez des parallèles déclinantes à R S (*par l'opération fig. III*). C'est sur ces lignes que seront les points d'ombre; pour les obtenir du point 30°, comme centre, formez un quart de cercle perspectif dont 30°, 38 soit rayon; de sa division 60° et du centre 30°, tracez le rayon d'élévation d'astre T, U, considérant que ce rayon donne, sur l'horizon, le point 46; abaissant de ce point une perpendiculaire, sur la ligne directrice d'ombre R S, l'on aura le parallélogramme 30°, 45, 46, 47, dont 30°, 46 ou T U est diagonale. Par l'application des figures II et VI, l'on fera de semblables parallélogrammes perspectifs et contigus l'un à l'autre en 30°, 48, 49 et 45, ce qui donnera les deux diagonales 45-48, 46-30°, parallèle et concourant au centre d'astre. Voulant avoir des parallèles déclinantes des points 42, 41, 43, opérez comme aux solides F, entre les deux rayons 46, U-45, 50, ce qui donnera sur les rayons de direction d'ombre parallèles à R S, les points d'ombre 51, 52 et 53, qui, conjointement avec ceux 38, 39, déterminent la forme d'ombre du corps Q.

Dans le cinquième cas, l'opération est la même, mais les deux quarts de cercle perspectifs sont dans le sens opposé.

Tracer les ombres d'un corps de bâtiment sur le terrain et sur un autre corps, la première ligne de direction étant donnée, et le rayon d'élévation de l'astre étant déterminé.

PROPOSITION XI et dernière, *planche VI.*

La ligne AB est donnée pour direction de l'astre, et la ligne C D, pour son élévation à l'horizon, fig. II.

DÉMONSTRATION.

1° De tous les angles, plans du corps, établissez des parallèles déclinantes à la ligne de direction AB, par l'opération fig. III.

2° Pour obtenir des parallèles perspectifs à C D, des sections E F, que le rayon C D donne sur l'horizon et sur la ligne de direction A B, tracez deux perpendiculaires, ce qui forme un parallélogramme d'élévation 1, E, 2, F, dont FE est diagonale (*par le moyen de la fig. VI*). Portez sur AB des distances perspectivement égales à F 2, en F 6, 2, 8, autant de fois qu'il pourra en contenir ; de ces nouveaux points 6, 8, etc., élevez des perpendiculaires, ce qui forme de nouveaux parallélogrammes, 8, 9, E, 2. F, 1, 10, 6, etc., dont les diagonales 2, 9, 6, 1, etc., sont parallèles perspectifs à C D, et sont, par conséquent, des rayons de l'astre.

EXEMPLE.

3° Pour avoir l'ombre de la corniche S K, et de l'angle du bâtiment K, *b*, *e*, *m*, S, U, J sur le terrain et sur le corps A *a*, des points de saillie S K, abaissez des perpendiculaires sur les diagonales du plan, ce qui donne les points T, *t* ; des points plans J, T, H, *t*, établissez des parallèles à la directrice A B (*par l'opération fig. III*), ce qui donne, sur le plan du corps A, les points V, X, *a, b, u, v*, desquels on élève des perpendiculaires, ce qui forme les lignes de direction, lesquelles sont brisées suivant la saillie du corps A, en T, V, Z, Y—H, *a, d, c, t, u, x, y*, prolongez *x y*.

Et pour obtenir des parallèles au rayon C D, des points K, *e, m*, U, S, ainsi qu'à la jonction des ombres R, J, prenez la grandeur 16, E pour un nombre du compas de proportion, et cherchez les rapports de 16 *e*, 16 *m*, 16 J, 16 R, 16 K, ainsi que de 18, 19, à 18 S : reportez ces rapports sur une autre perpendiculaire, telle que 6, 10, ou 18, 20, en les prenant pour le nombre donné à 16 E et 18, 19, ce qui donne des points pour tracer les parallèles au rayon C D, en S, B, Z, K V, R *q*, *e p*, *m o*, J *n*, U *h*, ce qui donne l'ombre de la marche J, *h*, H et l'ombre de l'angle J, en H, *n, o, p, a, d, q, r*, pour l'ombre de K, S, qui se brise sur le plan vertical, et celui incliné du corps A *a ;* tracez la ligne *r* Z, qui donne sur la naissance du plan vertical, le point Y est l'ombre en Y, B́, F́. Pour le reste de l'ombre, continuez par le même principe.

Nota. Si la hauteur de l'astre et sa direction étaient déterminées en degrés, suivant l'heure du jour, et la position géographique du lieu, il faudrait, d'un point tel que F, tracer deux quarts de cercles perspectifs, l'un horizontal et l'autre vertical, dont F serait le centre commun : sur l'horizontal on déterminerait la directrice A B, et sur le vertical la hauteur de l'astre donnée en C D.

FIN.

De l'Imprimerie de CELLOT, rue des Grands-Augustins, n° 9.

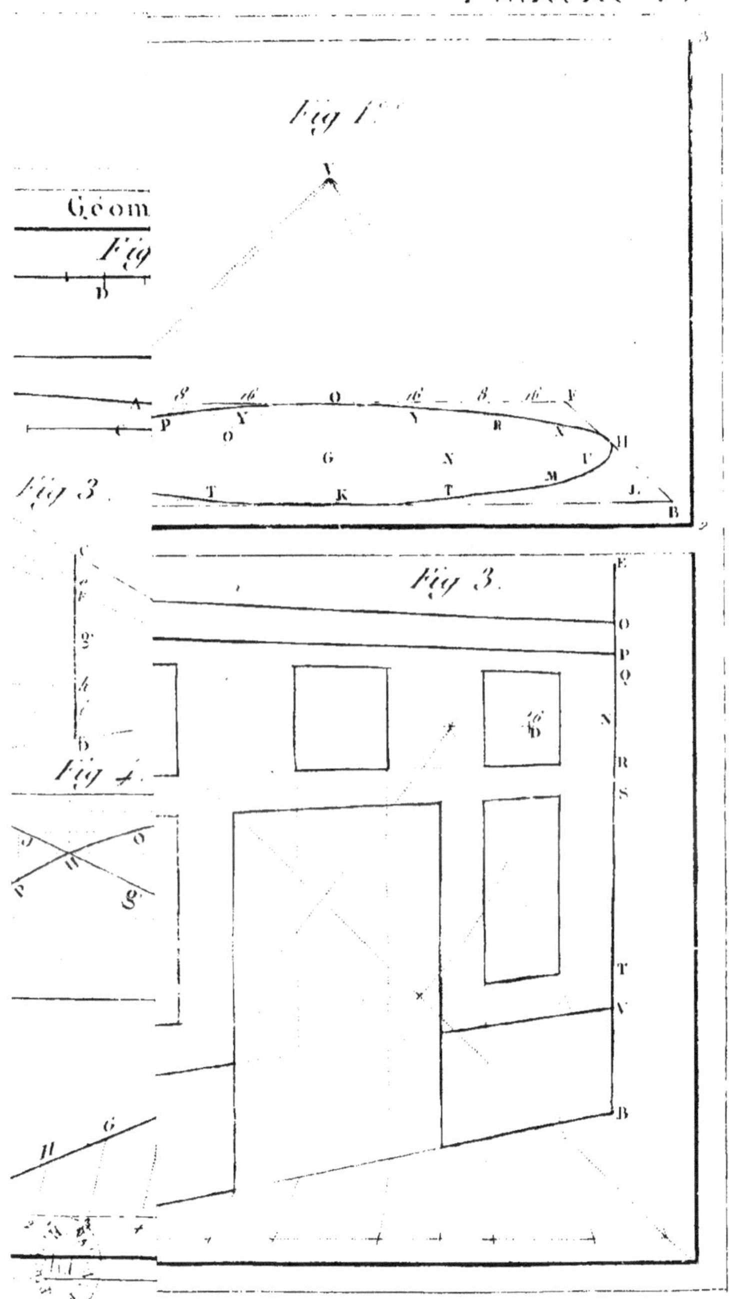
Fig 1.
Géom
Fig
Fig 3
Fig 3.
Fig 4.

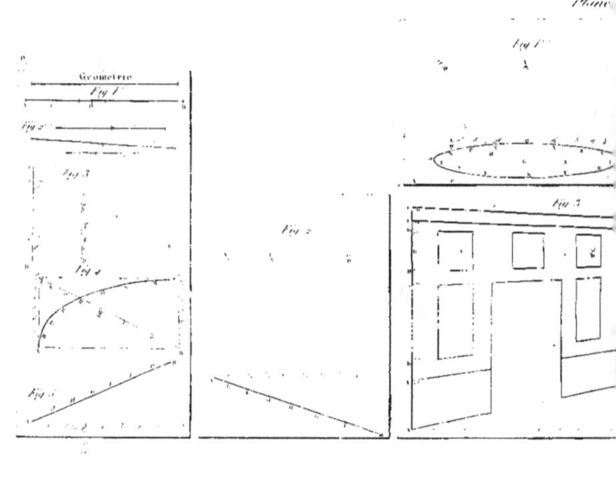
Géométrie
Fig 1
Fig 2
Fig 3
Fig 4
Fig 5
Fig 1
Fig 2
Fig 3

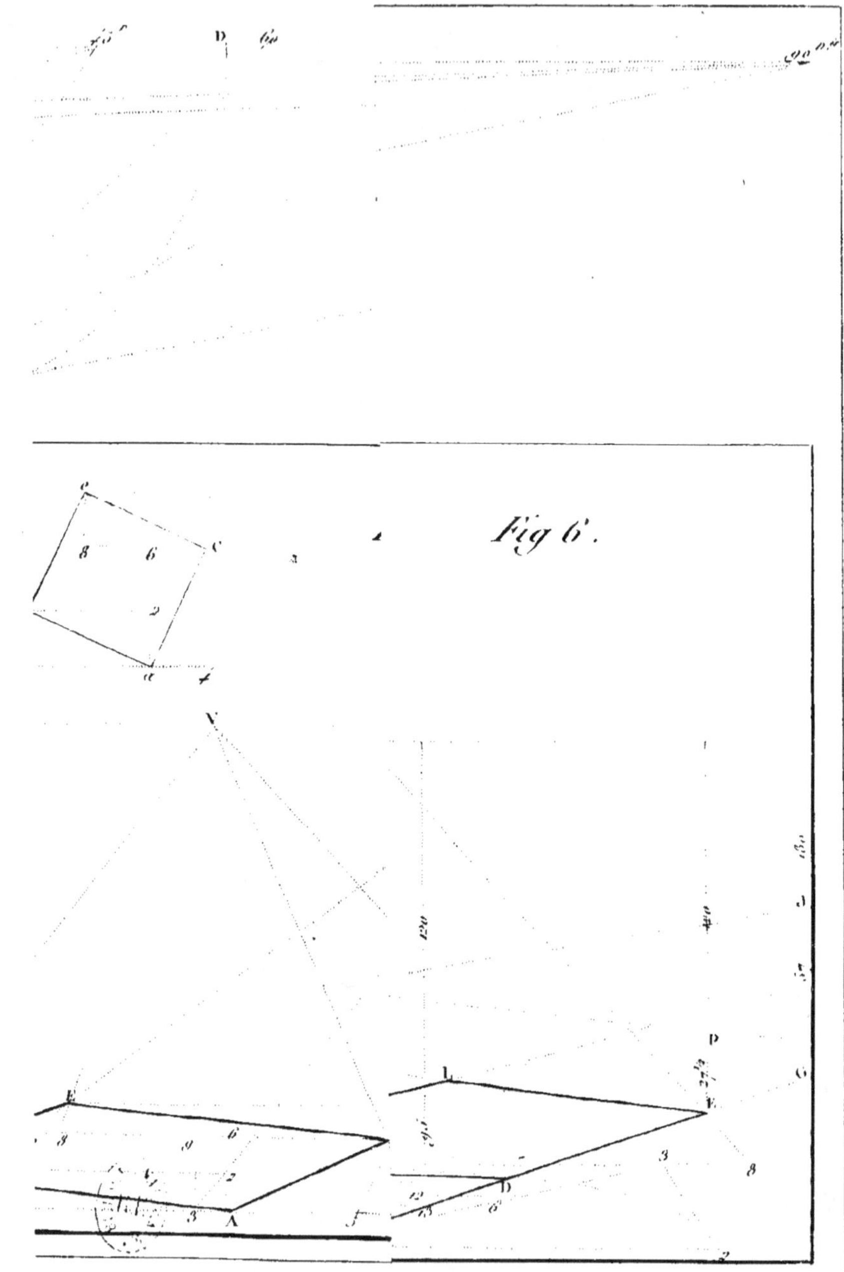
Fig 6.

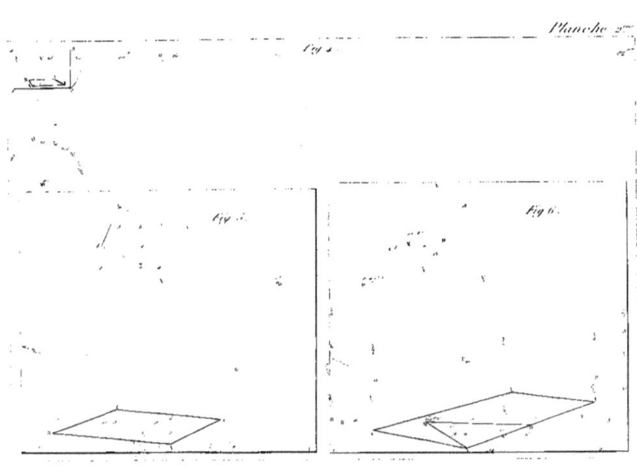
Planche 2.ᵐᵉ
Fig. 4.
Fig. 5.
Fig. 6.

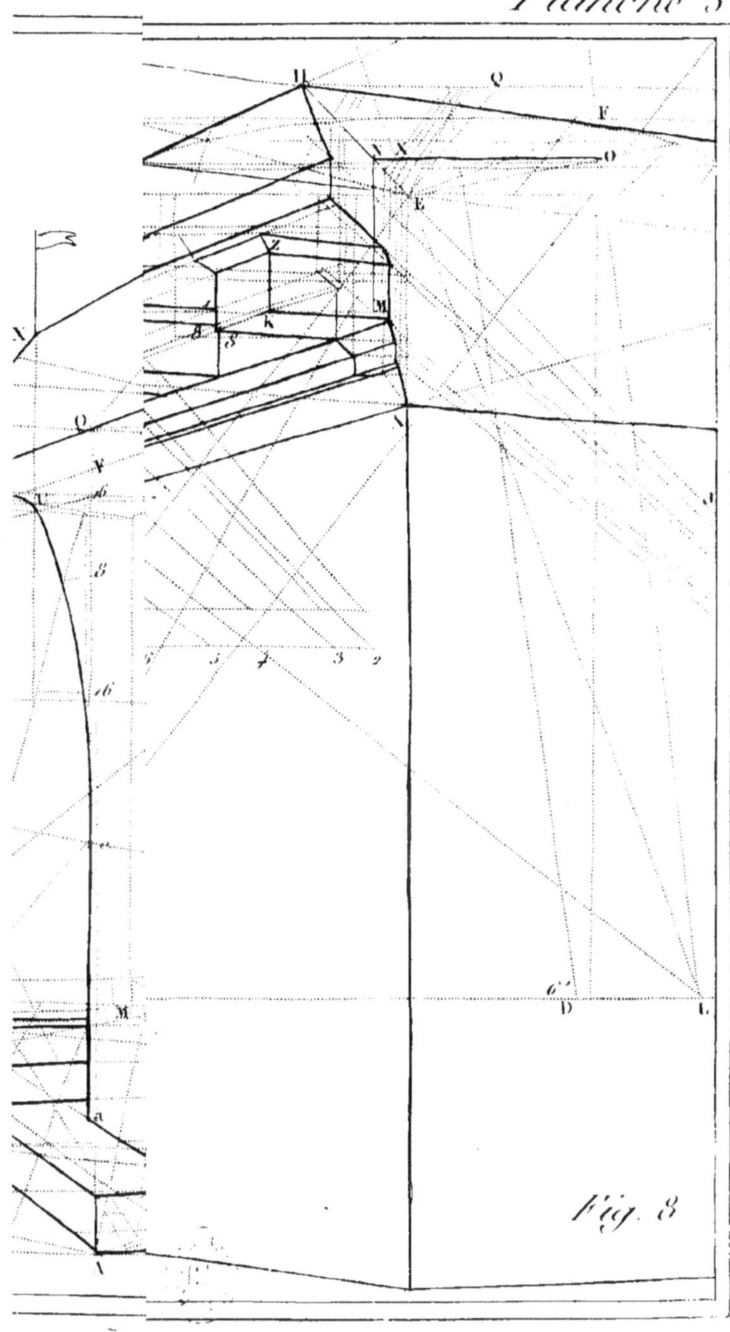

Fig. 8

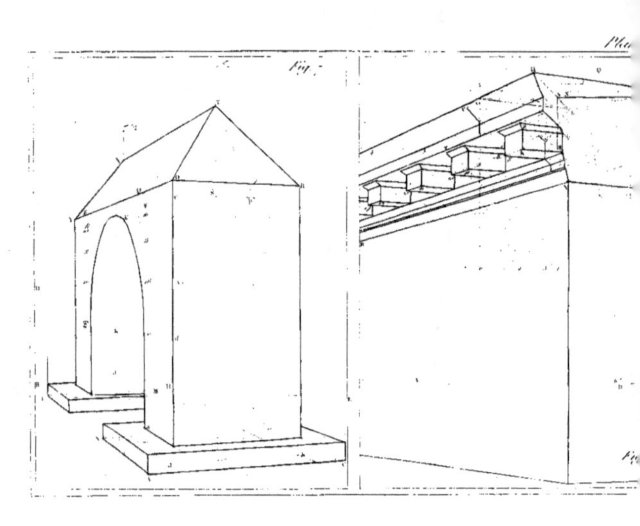

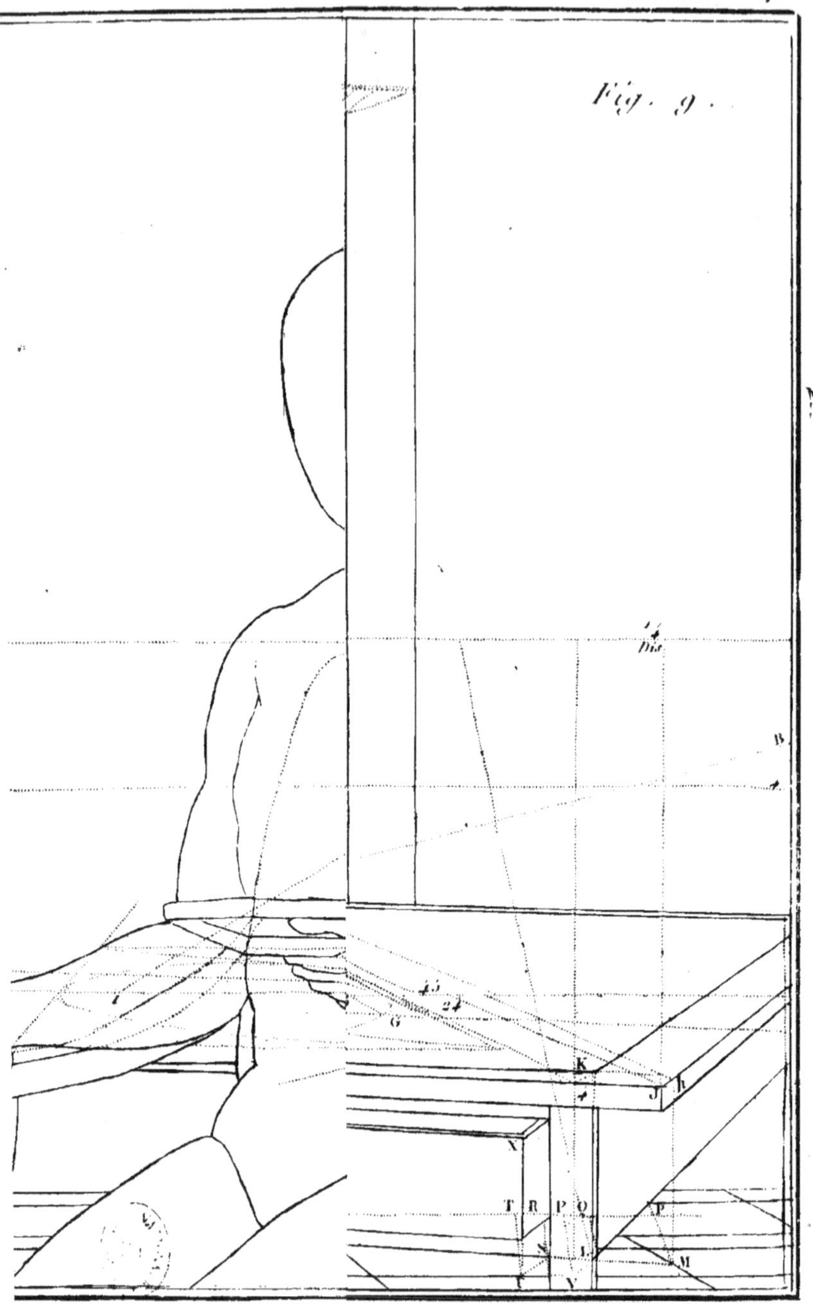
Fig. 9.

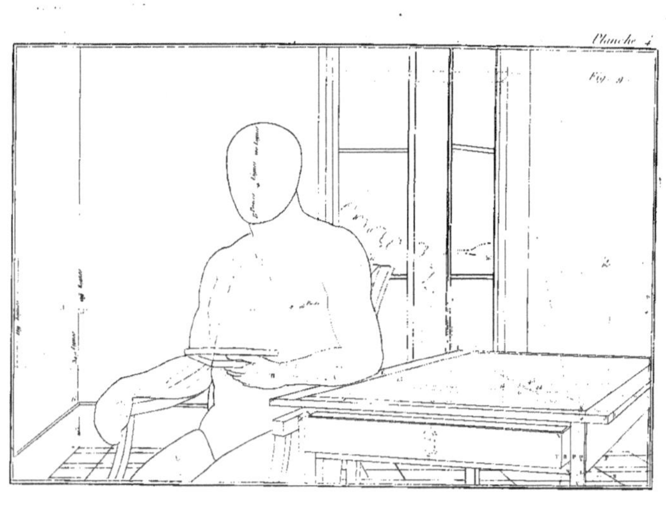

Planche 4
Fig. 9

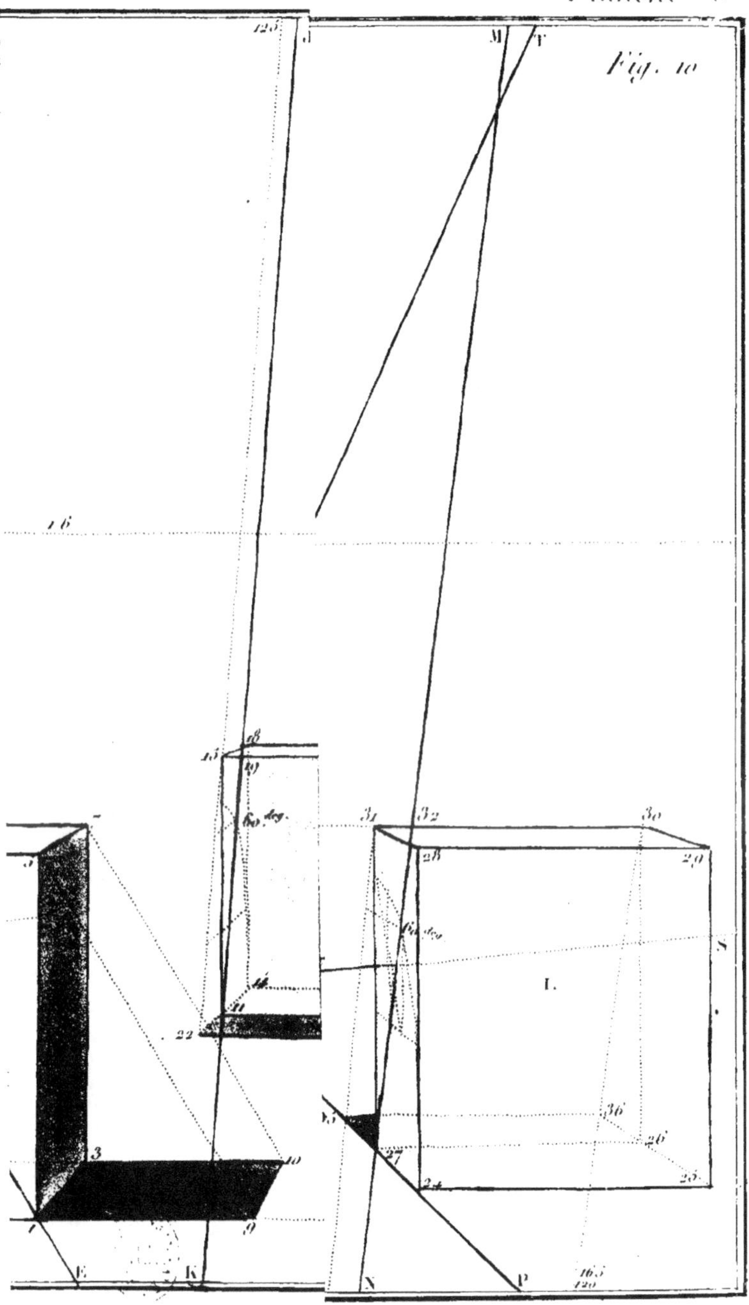

Fig. 10
16
M T
125
30
31 32
28 29
L
S
36
26
25
27
24
N P
125
E K

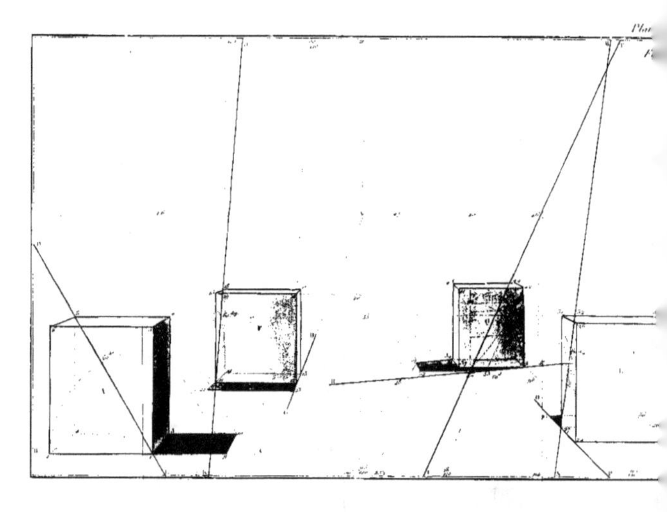
Plate.

Planche 6
Fig. 11
12
A a'
B'
B
S
b
V

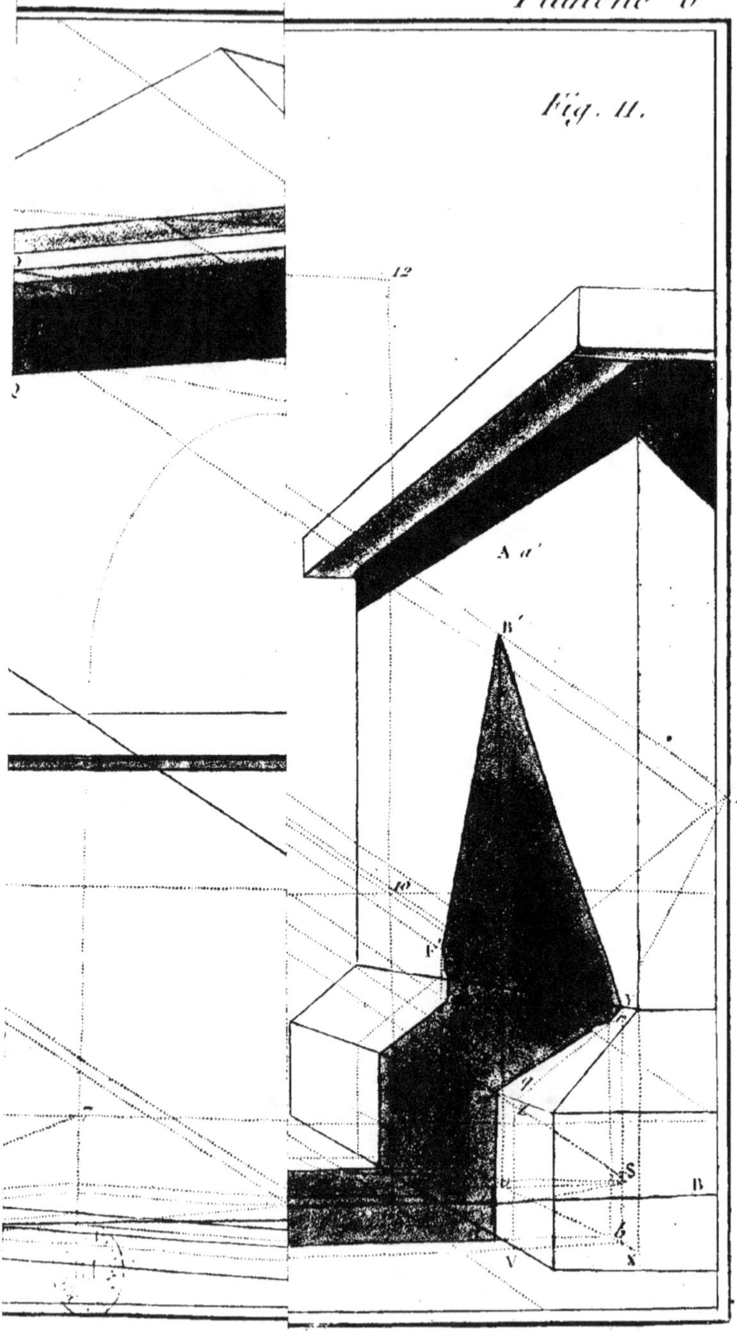

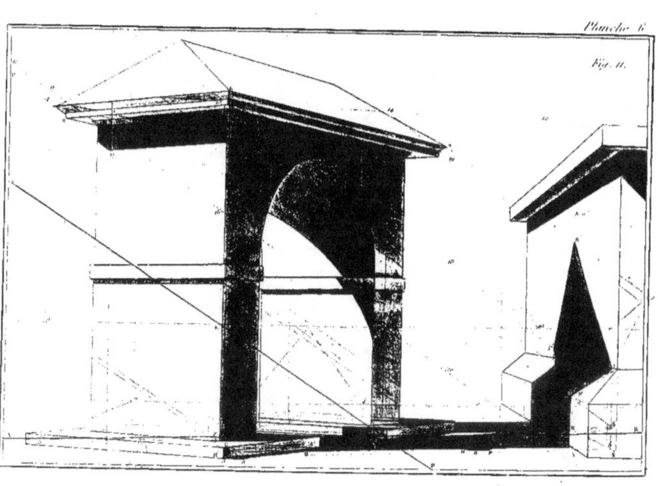

Planche 6.
Fig. 11.